AF348257

PISCOP

PAR

M. LEFEUVE

Prix : 80 centimes.

PISCOP

—

1866

PISCOP

---

ainsi dire, à nos lecteurs, en raison de deux ou trois fiefs
Piscop, assis sur le terroir d'Épinay et de Groslay? Deux
hameaux se sont réunis pour former un village du même
nom, où le petit Piscop se distingue encore du grand.
Comment tant de Piscops, si peu distant l'un de l'autre,
n'auraient-ils pas une origine commune ? Le village pourtant appartient aujourd'hui au canton d'Écouen.

Pierre de Piscop, chevalier, et D^lle Mahau, sa femme,
fondèrent la cure en l'année 1211, mais dans une chapelle qui ne fut érigée en église paroissiale que trois
ans après par Pierre de Nemours, évêque de Paris. Gobert,
curé de Saint-Brice, y avait consenti, et Pierre de Piscop
lui avait assigné 30 sols de rente sur la seigneurie, à
titre de dédommagement perpétuel. Un supplément fut
ajouté à cette indemnité par Erimbert de Braque. D'autres
bienfaiteurs de la nouvelle paroisse eurent noms Eloi de
Piscop et Radulphe de Piscop. Leur générosité à tous fut
dépassée par celle d'Eremburge de Brie, dame alliée
à la maison de Piscop, qui, en présence de ses fils, les
Ch^ers Pierre et Renaud, fit donation à l'église de tels biens

que les fiefs de Blémur, du Luat et de Poncel y figuraient. On ne sait même pas trop comment ces fiefs sortirent de leur main-morte pour rentrer dans le siècle. La grande abbaye qui avait, selon l'usage, servi de marraine à la cure, lors de sa création, était-ce l'abbaye de Saint-Victor, ou celle de Saint-Martin-des Champs? Du moins l'abbé de Saint-Victor présentait à la cure de Piscop dès le xve siècle, si ce n'est plus tôt. L'église avait été placée sous l'invocation de la Vierge-naissante ; mais la seconde dédicace, après une reconstruction, fut aussi faite sous le titre de Saint-Gunifort, le 27 juin 1560, par Philippe, évêque de Philadelphie. Restauration encore au siècle suivant, sous les yeux du curé Béraut de Braque, jouissant d'un bénéfice à Meaux, comme prieur de Sainte-Céline, puis protonotaire du Saint-Siége.

Etat des biens et revenus de la cure de Piscop, sous la Régence :

17 arpens de terre et la moitié des dimes de la paroisse, y compris les noualles et vertes dimes affermées au sieur Lebel	450 liv.
Pour quatre jours de voiture, dû par le même fermier	25
Rapport approximatif de 20 perches de jardin potager, déduction faite de 30 livres pour frais de culture	70
1 muid « de blanc métail aumosné à la dicte cure lors de l'érection d'icelle, » blé estimé par an..	130
Revenu casuel, environ.	30
La fabrique paie chaque année au sieur curé, pour pour l'acquit des fondations.	95
Rente pour messes à l'intention de Marguerite Martin	4

Total 804 liv.

Le *sieur curé* de cette époque s'appelle Denys Parent, et il a mieux aimé reconstruire le presbytère à ses dépens que de s'aventurer en des contestations, en des procès avec ses paroissiens. Les ornements de l'église ne sont que pour moitié à la charge du curé de Piscop, l'autre moitié en incombant à MM. de Saint-Martin-des-Champs, lesquels jouissent d'une part égale dans les dîmes de la paroisse.

Anselme de Piscop avait été seigneur du lieu en 1124 ; Henri de Piscop et puis son fils Thibaud lui avaient succédé, et le Ch^{er} Pierre n'était venu qu'après eux. Amaury de Piscop, écuyer, mari d'Agnès, céda aux religieux du Val les vignes de Jouy, sises au lieu dit le Coudray, vers 1300. Gilles de Versailles précéda, en la seigneurie de Piscop, damoiselle Roberge de Versailles, sous le règne de Charles V. Néanmoins, vers le milieu du siécle xiv, sous le roi Jean, Arnoul de Braque, anobli par Philippe de Valois, avait plusieurs seigneuries à Piscop, et sa postérité en jouit jusqu'à ce qu'une fille de Simon de Braque, veuve du sieur du Mesnil, dit Marcelet, en vendit une partie à Arnoul Boucher, trésorier de France et général des finances, époux de Jeanne la Gentienne ou Gentian, laquelle resta veuve et dame de l'endroit. Bureau Boucher, venu du Poitou, et marié à Gilette Raguier, dame d'Orçay, fut maître des requêtes et conseiller de Charles VI ; son fils aîné, Jean Boucher, seigneur de Piscop et d'Orçay, s'unit avec Denise de Harlay, et il en eut Pierre Boucher, qui ajouta la seigneurie d'Houilles aux deux autres, et qui lui-même donna le jour à Arnoul Boucher, premier président au grand-conseil. D'autres membres de cette famille, tant siégeant que plaidant en parlement, disposèrent successivement de la même terre, qui comprenait hôtel, colombiers et jardins. Catherine Boucher ne l'apporta pas en dot, vers la fin du règne de

Louis XIV, à son mari Antoine le Feuve, sieur de Vanelle ; mais son grand'père avait affermé pour 2,400 livres tournois, sous le règne précédent, à Claude Gillet, procureur au bailliage de Montmorency, l'hôtel et les terres, avant leur adjudication à Fayet, conseiller au parlement, moyennant 79.200. Cet acquéreur avait fait bail à Huet, laboureur à Saint-Brice, pour 3,400. Dame de Piscop ensuite : Mlle Fayet. Son titre seigneurial était reconnu ; toutefois un autre seigneur qu'elle, sans compter le prince de Condé, jouissait des honneurs à l'église. Ceux-ci ne furent acquis sans conteste à l'un des successeurs de Mlle Fayet qu'au commencement du régne de Louis XVI, et à la condition de passer après le prince. Le curé pouvait dire alors : — Nous recommandons à vos prières son Altesse Sérénissime le prince de Condé, duc d'Enghien, seigneur de cette paroisse ; nous recommandons aussi à vos prières haut et puissant seigneur en partie de Piscop, M. Antoine de Tilly. Celui-ci vendait en 1777 à Saleur de Grizieu, fermier-général, l'hôtel seigneurial, une maison dite à Piscop le fief Binet et le fief de Blainville, avec tous les droits seigneuriaux attachés à ces fiefs, la suzeraineté sur le Luat, Blémur, La Briche, l'Écu-de-France, Gratteloup et portion du clos de Rosni ; 103 arpens de terre arable, 22 de pré et 208 de bois, moyennant 150,000 livres et 5,000 de pot-de-vin, à charge de payer chaque année un muid de blé au curé de Piscop. M. de la Grange eut ensuite le château, pour le laisser à ses deux filles, dont l'aînée épousa M. du Tillet, sieur d'Étampes Que M. de Vareuil fût ou non l'autre gendre du même la Grange, il vint après lui à Piscop. et M. Clapier racheta sous l'Empire sa propriété, située auprès de l'église et dite la Maison Rouge, qui appartient maintenant à M. Schefter, négociant.

Quand la famille de Braque avait cédé à celle Boucher la seigneurie proprement dite de Piscop, elle s'était réservé des droits sur le même terroir. Mais qui prouve que le Château-Vert en fit partie ? C'était aussi le fief des Ouches, y compris toutes ses dépendances. Arnoulet des Ouches en avait passé aveu et dénombrement, à cause de Jeanne du Luat, sa femme, au seigneur de Thieux, ayant nom Philippe des Essarts, sous Charles VI. Dans la même mouvance fut reconnu le fief pendant plus de deux siècles. Puis il y eut en présence plusieurs censives, et c'est du consentement des différents seigneurs intéressés que le traitant Puget de Montauron, adjudicataire sous Louis XIII, divisa la reconnaissance de cette manière : l'hôtel et 15 arpens au Mis de Rostaing, sieur de Thieux ; 45 arpens de bois, plus quelques pièces, tant de terre que de jardin, au seigneur de Blémur ; quelques arpens au seigneur de Domont ; une petite maison et une trentaine d'arpens, au seigneur de Piscop ; quelques morceaux aux tenanciers de fiefs sis à Saint-Brice ; enfin 19 arpens, plus une rente de 20 livres et de 5 chapons, au duc d'Enghien, haut-justicier, parce que la juridiction censuelle n'en était pas déterminée. Acquisition fut faite, en 1645, par le contrôleur-général des finances Particelli, dont la veuve, Marie le Camus, ne vendit que quinze ans après à François de Braque. L'arbre généalogique des Braque s'était greffé sur une tige royale, au xvie siècle, par le mariage de Philippe de Braque avec l'écossaise Guyonne Stuart, et la seigneurie de Piscop s'était perpétuée pour les siens à titre honoraire, depuis l'aliénation de la terre principale et des droits y assis. C'est pourquoi un saint né dans les montagnes de l'Écosse, saint Gunifort, qui d'ailleurs avait voyagé et en France et en Italie, était devenu si facile-ment le second patron de la paroisse de Piscop en ce temps-là. Des contestations, un siècle après, s'élevèrent relativement aux titres et aux honneurs seigneuriaux que s'arrogeaient à Piscop MM. de Braque. Un arrêt du parlement de Paris réserva donc, en l'année 1688, à à Mⁱˡᵉ Fayet la qualification exclusive de dame du lieu, en défendant aux Braque de se dire à l'avenir sieurs de Piscop, même en partie, mais en autorisant ceux-ci à porter le titre de « sieurs du fief des Ouches ou Château-Vert, sis à Piscop. » La cour accordait en même temps à ces MM. du Château-Vert la préséance sur Mᵐᵉ de Piscop, quant aux honneurs qui leur étaient rendus en l'église même, parce que ladite église comptait au nombre de ses fondateurs Erimbert, Pierre et Renaud de Braque. Était-ce un motif suffisant pour que le Mⁱˢ de Braque, Paul-Émile, seigneur du Château-Vert et autres lieux, mît son *velo*, en 1742, à l'apposition des armes du duc d'Enghien, prince de Bourbon-Condé, sur des crêpes funèbres, à l'église. Le prince dut passer outre à cette résistance, et toutefois il en gardait rancune. La prévôté de Gonesse ayant permis la plantation de poteaux aux armes du châtelain, dans toute l'étendue de son fief, le haut-justicier s'opposa à cette démonstration, dont la prérogative, confirmée par arrêt, n'appartenait qu'à lui. Sur l'entrefaite et en plein Château-Vert, M. de Braque rendit le dernier soupir. Mᵐᵉ de Chérisy, sa fille cadette, lui succéda. Néanmoins foi et hommage étaient rendus, en 1747, par Thomas, Cᵗᵉ de Hume, du chef de sa femme, née de Braque. On finit par décider que le sieur de la Maison-Rouge aurait le pas, jusque dans l'église, sur l'autre sieur, qui était ou qui fut prochainement M. de Suffren. Ce nom-là ne vous paraît-il pas, pour le moins, celui d'un parent du célèbre amiral, bailli de Suffren ? Toujours est-il que M. de Vareuil, le châtelain de la

Maison-Rouge, avait avec cet autre châtelain des relations de parenté qui pouvaient les mettre d'accord sur les questions de préséance. Le général Drouot est encore devenu, sous l'Empire et sous la Restauration, l'un des prédécesseurs de Mlle Le Caron, propriétaire du Château-Vert en ce temps-ci.

A cheval sur la route de Beaumont, le hameau de Poncel est aussi petit que joli : il dépend de la commune dont nous faisons l'histoire. Mme Hémery succède à M. Metman, caissier de l'Imprimerie impériale, dans ce qui reste du château de Poncel, acheté par M. Liottier après la Révolution, ainsi que les bois de la seigneurie de Piscop. M. Hodan est fermier au hameau et maire du village, à la fois. En passant sur la route, vous y remarqueriez, vis-à-vis la propriété de Mme Hémery, le *buen retiro* de M. Audiffret. On vous signalerait, en sortant, la villa de M. Millot. Poncel eut pour dernier seigneur M. de Baillon, qui sans doute le quitta trop tard, car il mourut révolutionnairement : son hôtel de campagne avait servi de rendez-vous de chasse au prince de Condé et au maréchal de Soubise. Guillaume du Poncel et puis Cécile, sa veuve et héritière, avaient fondé, vers 1209, dans la basilique de Saint-Denis, la chapelle de Saint-Hippolyte. Adam de Poncel, chevalier, avait reconnu devoir, le 2 janvier de chaque année, un cierge de 5 sols aux génovéfains de Paris, et sa succession en avait été grévée.

Pour aller de Piscop au Luat, château mieux caractérisé qui dépend également du village, il faut passer devant Poncel. La physionomie du Luat respire moins la grandeur que la sévérité. J'ai fait le tour de ce viel édifice, en l'absence du magistrat qui en est le propriétaire, M. Hua, et je voyais un peu plus loin Écouen, le château d'Écouen, qui, beaucoup moins modeste, domine plus de terres qu'il n'en a jamais eu pour dépendances. Qu'ai-je remarqué chez M. Hua, par une journée qui ne se rapprochait de l'été de la Saint-Martin absolument que par la date ? une avenue qui paraissait longue et une cour d'honneur trop carrée ; des grilles de fer qui avaient l'air de ne plus glisser sur leurs gonds depuis que les seigneurs eux-mêmes subissent la justice qu'ils rendaient ; des chiens qui faisaient retentir d'une plainte plutôt que d'une menace les échos du château désert ; des fenêtres sans nombre fermées pour tout l'hiver, mais qui semblaient ne s'être ouvertes qu'à regret, qu'avec économie pendant la belle saison ; pas un visage, pas une voix humaine, le gardien de la propriété n'étant pas là ; des communs refroidis eux-mêmes par la froideur de la maison, malgré les bestiaux qu'on y voyait, et une mare troublée par les anciens ébats des canards qui, devenus frileux, s'y tenaient cois ; la cloche de Saint-Brice ou de Piscop sonnant un glas funèbre, pour annoncer qu'il y avait un corps aussi inanimé que cette habitation ; les dernières feuilles disant adieu aux arbres, et puis la neige menaçante, mais comme suspendue sur un brouillard mal dissipé et d'une humidité plus pénétrante.

Il y eut là, au commencement du siècle, une filature de coton, dirigée par M. Denis Jullien. Mme de La Roche, veuve de Boucher, receveur de la capitation de la cour, tenait ce beau domaine de Mme de Flogny, fille aînée de Paul-Emile de Braque, mort, comme nous avons dit, au Château-Vert ! Or ce Mis de Braque n'a pas été le dernier héritier mâle du nom que ses ancêtres avaient donné à l'une des rues de Paris ; rappelons que le colonel de Braque a concouru, sous la Restauration, à la fondation de l'établissement thermal d'Enghien (1). Paul-Emile de Braque, prénommé Paul-Benoît, gouverneur d'Auxerre, et successeur lui-même de son père François, décéda en 1691, avec la qualification de seigneur du Luat, de la Motte, de Saint-Brice, de Piscop et autres lieux. François de Braque, mari d'Elisabeth le Fèvre, avait pour homonyme son père, qui, après avoir épousé Marie Bouette, sœur de Robert Bouette, sieur de Blémur, avait convolé en secondes noces avec Madeleine Briçonnet. Béraud de Braque, curé de Piscop, n'était autre que le frère dudit François; il mit en sûreté au Luat les reliques de son prieuré de Sainte-Céline, pendant les guerres de religion, et notamment la châsse de sainte Céline, une compagne de sainte Geneviève, et la châsse de saint Barthélemy, qui furent rendues à Nicolas David, religieux de Marmoutier, le 20 octobre 1572, par Jean de Maubuisson, grand-prieur de Saint-Denis. Philippe de Braque, gouverneur et capitaine de Harfleur et de Montivilliers, époux d'une Stuart, était le père de Robert, échanson de la reine Catherine de Médicis, lequel partagea à Piscop avec Jeanne Fretel, sa femme, dame de Missy-sur-Yonne, un tombeau illustré de cette devise philosophique, bien convenable à un échanson : *Tunc satiabor*. Le conseiller Philippe de Braque et sa femme, Marguerite de Canlerz, dataient au château de la fin du xve siècle. Bernard de Braque, chambellan du roi, payait 10 livres tournois à Jeanne la Gentienne, dame de Piscop, pour le relief du

(1) Les Braque portaient : D'azur à la gerbe de blé d'or, et pour devise : *In homine virtus oppressa resurget*. Ils écartelaient : D'azur à trois fleurs de lys d'or etc. Le Laboureur avait vu leurs armes au château du Luat. C'était une famille bourgeoise avant le règne de Philippe VI, qui lui avait conféré la noblesse en récompense de loyaux services.

Luat, le 22 novembre 1441. Jean de Braque, chevalier, avait soutenu le parti du roi d'Angleterre et habité Lille (1); pourtant l'hôtel du Luat avait été donné successivement par Henri VI à Albert de Rosen-Garden, à Wattequin Wales et à Adenet Tixerand, dit Chapelier, avant d'être rendu à ses seigneurs par le roi de France. Enfin, c'était une dame de Beaumarchais qui avait vendu, dans l'origine, à Arnoul Braque, la terre du Luat, mouvante en plein fief de la seigneurie de Piscop, alors à Roberge de Versailles, et en arrière-fief seulement de la baronnie de Montmorency, alors à Charles de Montmorency. Quelle était à la même époque l'importance du fief du Luat? un manoir, des terres à l'entour, 76 arpens de bois, 19 chapons par an à recevoir; des grains *item*, justice et seigneurie.

Colin de Braque n'en reconnaissait pas moins au seigneur de Thieux, en l'an 1410, les 48 arpens de pré du fief des Champarts-du-Luat, sur les terroirs du Luat, de Poncel et des environs. Telle était la provenance partielle du bien que la M^{ise} de Foucault, l'ayant à sa disposition avant la mort du roi Louis XV, appelait *une partie des terres du Luat*. Blanchet de Braque avait tenu aussi, vers le commencement du xve siècle, un fief dit Bois-du-Luat, mais sur Eaubonne.

D'autres terres féodales, enclavées dans celles de la Maison-Rouge, du Château-Vert, de Poncel, du Luat et de Blémur, ont figuré moins fréquemment en des aveux et dénombrements : d'abord la *Cave-de-Piscop,* fief dont la dénomination, avant une altération, soit orale soit manuscrite, a pu être la *Cure-de-Piscop;* puis le *Clos-de-Rosny,* dont Henri de Rosny était propriétaire au xvie siè-

____

(1) Sauval. *Antiquités de Paris,* tome III, pages 325 et 584.

cle ; puis encore *la Gentienne*, 42 arpens de bois au fond des Aulnes, et Jeanne la Gentienne, veuve d'Arnoul Boucher, pouvait tenir de Gentian, général des monnaies, son père, ce fief, reconnu par elle-même à Jacques de Montmorency, et annexé postérieurement à la seigneurie de Piscop.

Mais on suit Blémur d'âge en âge tout aussi bien que le Luat, d'après les notes que nous avons recueillies. L'écuyer Adam de Blémur et sa femme Isabeau avaient, entre Piscop et Domont, la seigneurie dont ils portaient le nom, en l'année 1239. Puis les Braque s'en rendirent propriétaires. Reconnaissance.pour un quart de ce fief fut passée, en l'an 1507, par Simon Lébègue, tuteur des enfants de D^lle Courtignon, veuve d'Arthus de Braque, à Arnoul Hesselin et Pierre Boucher, tous les deux seigneurs de Piscop. Un demi-siècle après, le tenancier de Blémur était Pierre de Braque : en sa faveur, une charte de Charles IX fonda un marché et une foire, dont profitèrent les seigneurs subséquents. L'un de ceux-ci, Robert Bouette, conseiller au parlement de Paris, obtint de faire célébrer la messe en son château ; vînt après lui Eustache Bouette, gentilhomme de la maison du roi, et l'une de ses parentes mourut bénédictine en 1696, après avoir publié des ouvrages de piété sous le nom de Mme de Blémur. A la fin du siècle xvii, Madeleine Gédoyn, épouse de Jean Bouette, fonda par testament une chapellenie dans l'église de Piscop, à la charge pour le titulaire de venir officier au château chaque fois qu'il en serait requis, les jours de fête exceptés ; le cardinal de Noailles approuva l'intention et l'acte ; mais Julienne Talon, seconde femme survivant au même époux, réduisit cette fondation. Le fils posthume de Jean Bouette, né au milieu du siècle, se disait M. de Blémur, Cte de Bouette, chevalier, seigneur territorial, moyen et bas-justicier et foncier de la seigneurie de Blémur, du fief Charles-de-Montmorency et autres lieux ; il avait perdu de très-bonne heure ses frères et sœurs ; il était chevau-léger de la garde ordinaire du roi et son écuyer de main. M. Coulon, ancien commissaire aux saisies réelles et ancien secrétaire du roi, achetait, le 30 juillet 1791, du ci-devant comte, la ferme et le château de Blémur, qui tenaient l'un à l'autre. Le château fut rebâti par ce propriétaire, qui établit près de là une filature et devint maire de Piscop. L'aspect de cette habitation est encore seigneurial ; elle regarde, à travers son parc, face à face le château d'Ecouen, qui ne paraît pas plus élevé, et ce n'est pas la seule vue magnifique dont on jouisse de cette propriété, si avantageusement située. M. Bouchon, successeur de Coulon, a racheté les anciens bois du Château-Vert et de la Maison-Rouge ; aussi y retrouve-t-on une allée dite de Vareuil et une autre allée dite de Braque. Longtemps maire, longtemps membre du conseil-général, M. Bouchon a été remplacé immédiatement par son fermier à la mairie. Mᵐᵉ Bouchon, veuve depuis cinq années, occupe encore le château de Blémur.

FIN DE LA NOTICE SUR PISCOP

Fontainebleau. — Imp. E. Bourges.

Les Notices historiques et descriptives écrites sur les environs de Paris par M. Lefeuve, auteur des *Anciennes Maisons de Paris sous Napoléon III*, se publient en brochures du même format et sur le même papier que la présente brochure. Le prix en varie selon l'importance du travail.

Les éditeurs de ce Recueil de Notices se proposent de l'étendre à tous les environs de Paris, dans un rayon de 75 kilomètres.

Voici les communes déjà passées en revue par M. Lefeuve :

MONTMORENCY	NAPOLÉON-SAINT-LEU
DEUIL	SAINT-PRIX
ÉPINAY-SUR-SEINE	MONTLIGNON
MONTMAGNY	ANDILLY
GROSLAY	SOISY
SAINT-BRICE	EAUBONNE
PISCOP	MARGENCY
DOMONT	PLESSIS-BOUCHARD
BOUFFÉMONT	PIERRELAYE
CHAUVRY	HERBLAY
BÉTHEMONT	FRANCONVILLE-LA-GARENNE.
FRÉPILLON	SANNOIS
BESSANCOURT	ERMONT
TAVERNY	SAINT-GRATIEN

ENGHIEN-LES-BAINS

Les souscripteurs reçoivent, franches de port dans tout l'Empire français, les Notices de M. Lefeuve sur les Environs de Paris.

On souscrit, en adressant le prix de la totalité
de ces Notices

En un mandat de **20** francs

A M. ERNEST BOURGES, IMPRIMEUR A FONTAINEBLEAU

(SEINE - ET - MARNE)